지대방

원담 글 | 두타 그림

솔바람

서문

지대방은 수행의 장소인 선원에서 유일하게 기댈 수 있는 공간이다. 젊은 시절 엄격한 선원에서 힘들게 정진하다 잠깐 휴식을 취하던 나의 유일한 쉼터였다.

서로 색깔이 다른 선원과 지대방이 둘이 아니라는 생각이 들 즈음 희곡을 써야겠다는 생각이 들었고, 칠팔 년 전쯤 대학로에서 두 차례 공연을 올리게 되었다.

뜻밖에 만화로 다시 각색된 것은 두타 화백 덕분이다.

늘 시골냄새 풍기며 무언가를 하시는 두타 화백을 만나면 없던 기력도 다시 살아난다.

정말 고맙다는 말씀을 전해 드리고 싶다.

연극무대는 아니지만 지대방 삶 속에서, 이 책에서 느끼고 깨달은 것이 있다면 그건 온전히 독자의 몫이다.

자, 우리 모두 지대방에서 뒹굴어 본 자, 혹시 그 중 누가 부처가 될 줄 알 수 없지 않은가?

2011년 9월

원담

나오는 사람들

허운
50대 후반의 스님. 지대방 방장.

혜산
30대 중후반의 교사 출신 스님.
결벽증이 약간 있으나 강직함.

돈조
20대 후반의 지대방 막둥이 스님.
좌충우돌하나 순수함.

우지
객스님. 무문관의 도문 스님을
따르는 우직한 스님.

소리에 놀라지 않는 사자같이
그물에 걸리지 않는 바람같이
흙탕물에 더럽혀지지 않는 연꽃같이
무소의 뿔처럼 혼자서 가라.

• 숫타니파타

선객(禪客) 선종의 스님. **율장(律藏)** 불교에서 이르는 삼장(三藏)의 하나, 곧 불교의 계율에 관한 전적(典籍)을 통틀어 이르는 말. **계율(戒律)** 인간 완성을 위한 수행생활의 규칙. 일상적으로는 도덕적인 덕을 실현하기 위한 수행상의 규범. **율사(律師)** ①계율을 잘 알고 지키는 스님. ②승직(僧職)의 한 가지. 스님의 잘못을 검찰하는 스님. **선원(禪院)** 불교에서 좌선을 주로 하는 도량. **율원(律院)** 율사(律師)를 양성하는 불교 전문교육기관. **노장(老長)** ①나이 많고 덕이 높은 스님. ②'늙은 스님'을 높여 일컫는 말. **승복(僧服)** 스님의 옷.

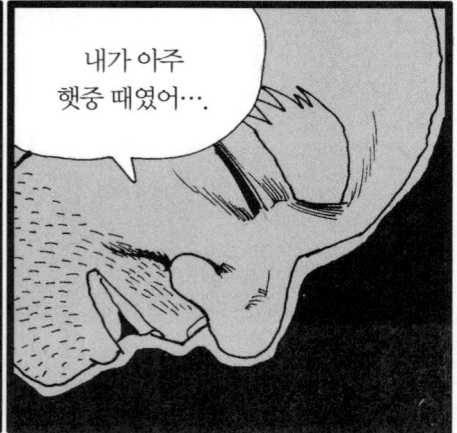

무애(無碍) 막힘이나 거침이 없음. 장애물이 없음.

주지(主持) 한 절을 책임지고 맡아보는 스님. 방장. **삼배(三拜)** 불교에서 이마를 지면에 대고 세 번 무릎 꿇고 배례하는 예법. **공양(供養)** 불교에서 부처나 보살에게 음식이나 꽃 등을 바치는 일. 스님이 하루 세 끼 음식을 먹는 일. 절에서 식사하는 일. **처소(處所)** 사람이 거처하는 곳.

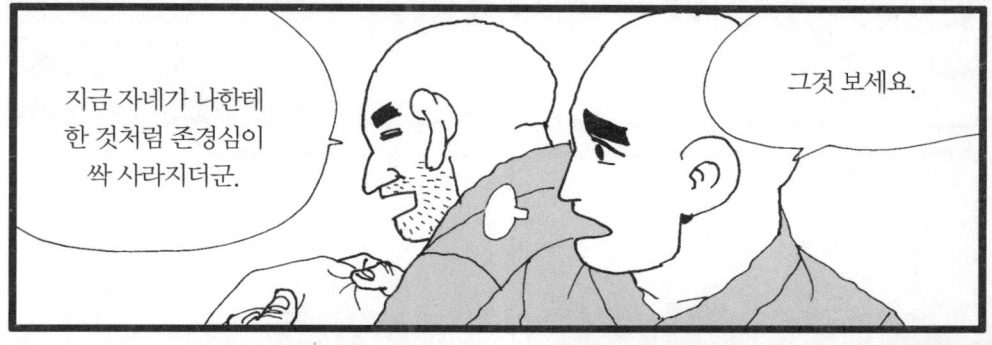

근데 말이야, 저녁공양 끝나고 빨래를 하러 개울에 나갔는데 마침 큰스님께서도 빨래를 하고 계셨어.

결제(結制) 불교에서 안거를 시작하는 것을 이르는 말.
대중(大衆) 불교에서 '많이 모여 있는 스님들' 또는 '비구·비구니·우바새·우바이'를 아울러 이르는 말.

아라한과(阿羅漢果) 사과(四果)의 하나로, 성문 사과의 가장 윗자리를 이름. 수행을 완수하여 모든 번뇌를 끊고 다시 생사의 세계에 윤회하지 않는 아라한의 자리로서, 소승 불교의 궁극에 이른 성문(聲聞)의 첫 번째 지위.

포행(布行) 좌선(坐禪)중 졸음이나 피로한 심신을 풀기 위해 일정 시간 일정한 장소를 산책하듯 느린 걸음으로 걷는 것을 말함. 가볍게 걷는다는 뜻으로 경행(輕行)이라고도 하고, 걸으면서 선을 한다 해서 행선(行禪)이라고도 함.

속가(俗家) ①불교를 믿지 않는 사람의 집안을 불가(佛家)에서 이르는 말. ②스님이 되기 전의 생가(生家).
수좌(首座) ①절에서 국사(國師)를 높여 일컫는 말. ②절에서 참선하는 수행승.

경계(境界) 불교에서 과보에 의하여 각자에게 주어진 지위나 처지를 이르는 말.
삼라만상(森羅萬象) 우주 속에 존재하는 온갖 사물과 모든 현상.

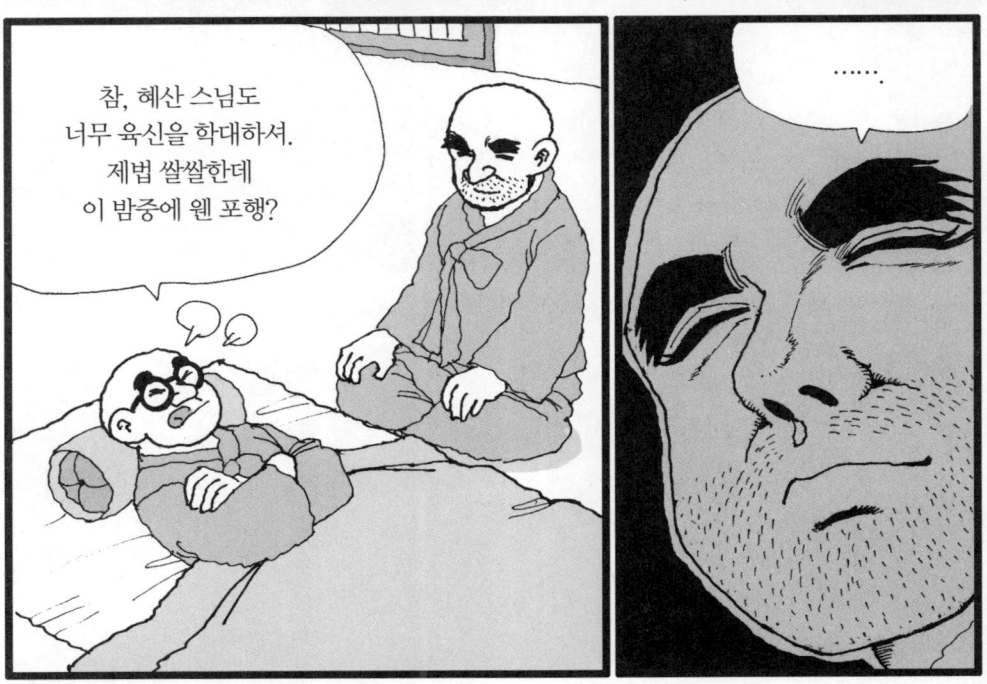

해제(解制) 불교에서 안거를 끝내는 일을 이르는 말.

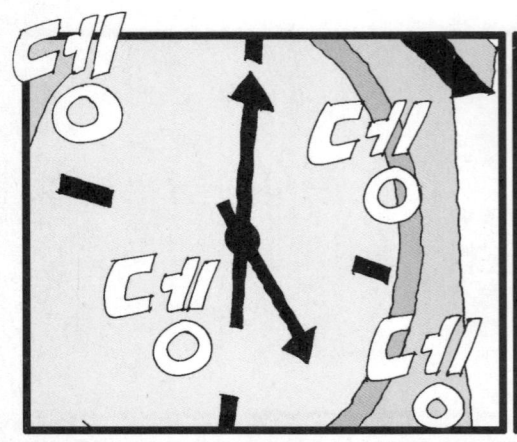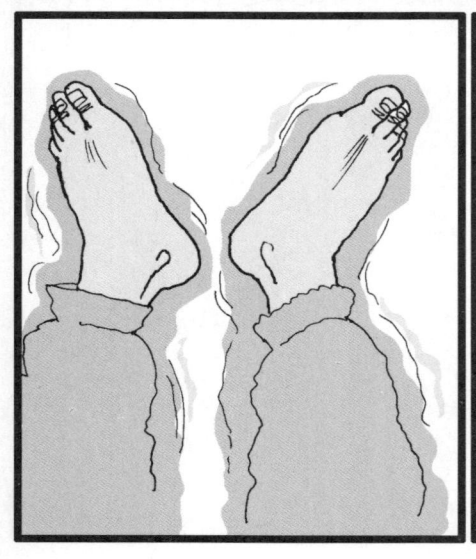

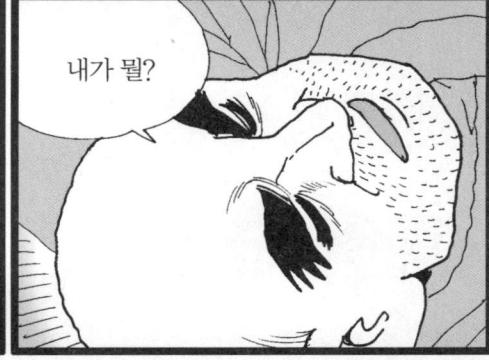

수행(修行) ①행실을 바르게 닦음. ②불도를 닦음. **면목(面目)** ①얼굴의 생김새. 얼굴 표정 ②사람이나 사물의 겉모습을 뜻하는 말로, 불교에서는 사람에게 있어서 마음의 본성이 가장 중요함을 이르는 단어로 자주 사용됨.

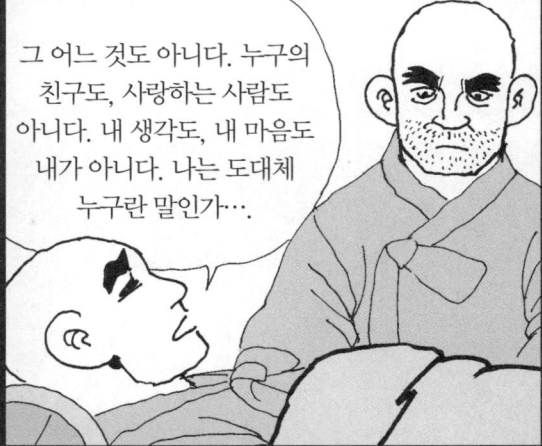

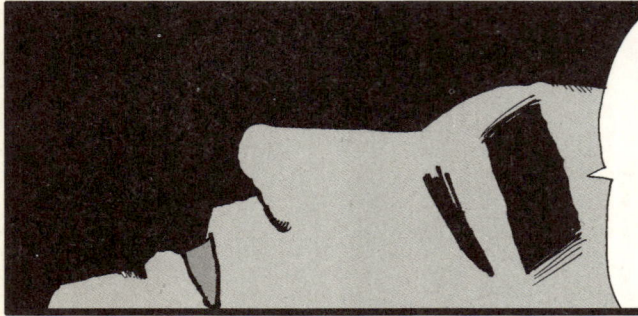

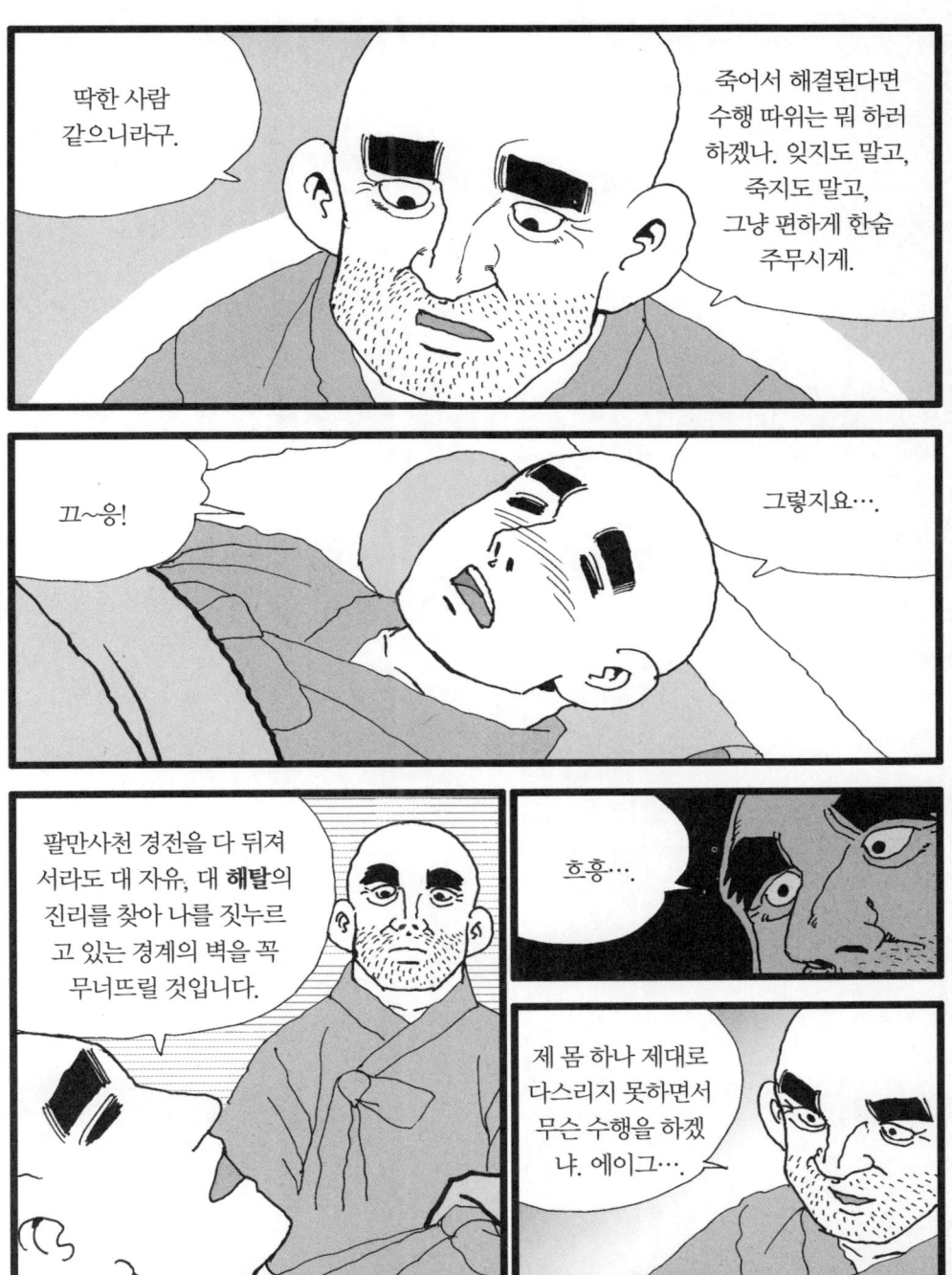

해탈(解脫) 업(業), 윤회의 세계에서 벗어나 번뇌의 속박을 풀고 자유로운 경지에 도달하는 것. 원래 인도의 바라문교에서 나온 말이지만, 후에 불교 사상에 도입되어 중국이나 일본 불교에서는 깨달음의 경지나 열반(涅槃)과 동일시됨.

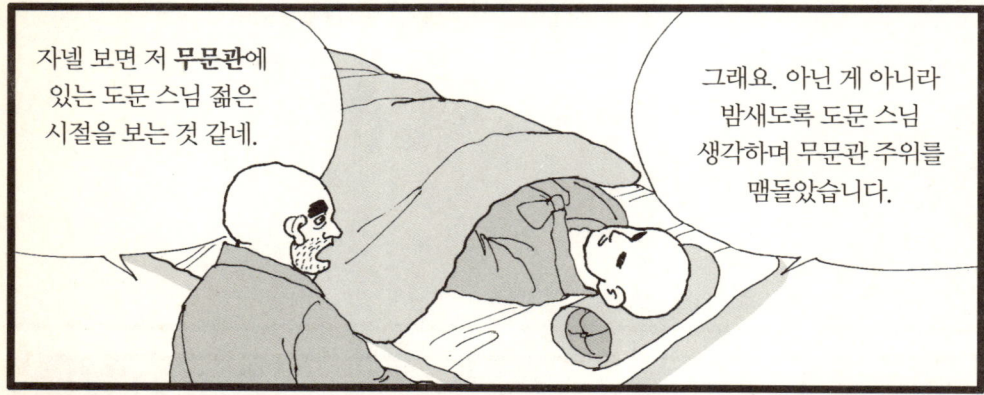

법(法) 불교에서 삼보(三寶)의 하나. 물(物)·심(心)·선(善)·악(惡)의 모든 사상. **무문관** 부처님의 6년간 설산 고행을 본받아 우리나라에서는 1964년 도봉산 천축사에 정영 스님이 무문관을 세우면서 무문관이 용맹정진의 상징이 됨. '무문관'이라는 이름의 유래는 중국 송나라 선승인 무문 혜개가 지은 〈선종무문관〉이라는 책에서 유래됨.

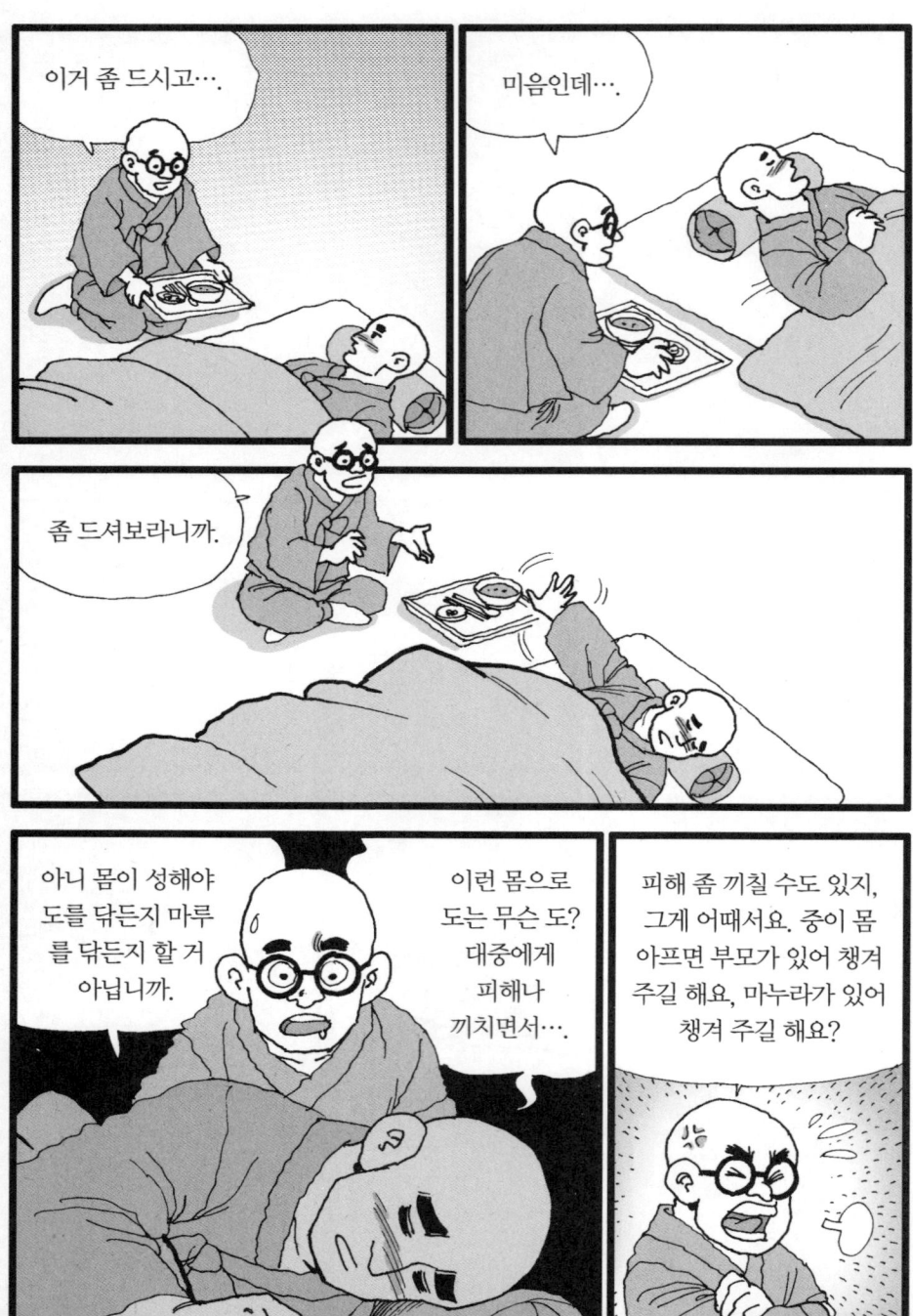

선방(禪房) 참선하는 방. 선실(禪室).

입승(立繩) 절에서 대중의 진퇴동작을 지시하고 기강을 세우는 소임을 말함. 주로 인망이 높은 최고참의 납승이 여기에 해당됨. **죽비** 두 개의 대쪽을 합하여 만든 불구(佛具)로, 선가에서 수행자를 지도할 때 사용되는 도구.

마장(魔障) 일이 되어 가던 중에 나타난 뜻하지 않은 탈.

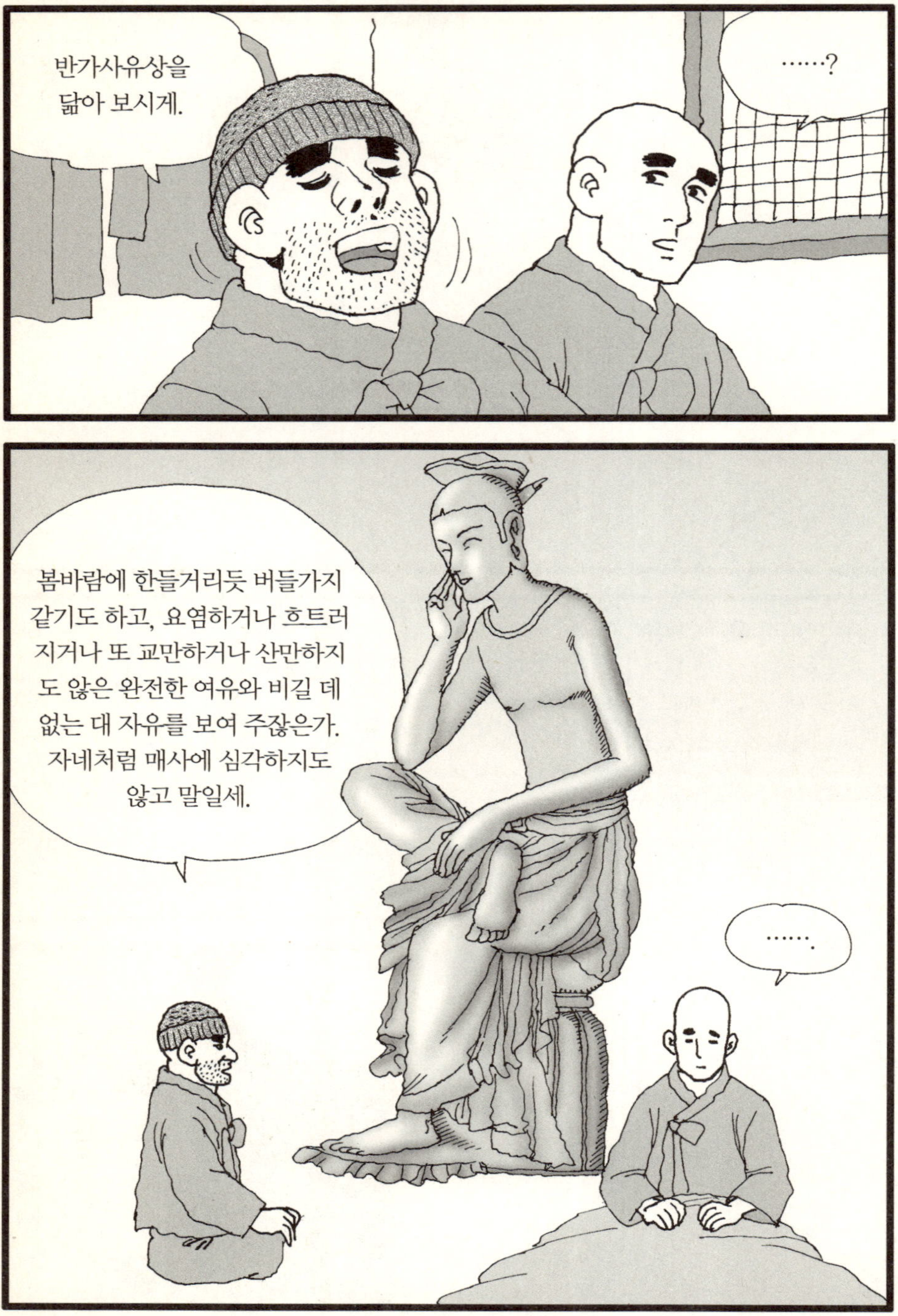

공양주(供養主) ①절에서 시주하는 사람. ②절에서 밥을 짓는 사람.

보살(菩薩) ①부처에 버금가는 성인. ②보리살타의 준말. ③고승을 높여 이르는 말. ④ '나이 많은 여신도'를 대접하여 이르는 말.

선사(禪師) ①선종의 법리(法理)에 통달한 스님. ②스님(불교의 출가 수행자)의 높임말.
수라세계(修羅世界) 아수라의 세계로, 폭력만이 존재하는 곳을 의미. 수라세계의 우두머리는 아수라로서 늘 선한 것과 전쟁을 하고, 우리가 흔히 쓰는 아수라장은 아수라와 하늘나라의 제석천이 전쟁을 일으키는 곳을 말함.

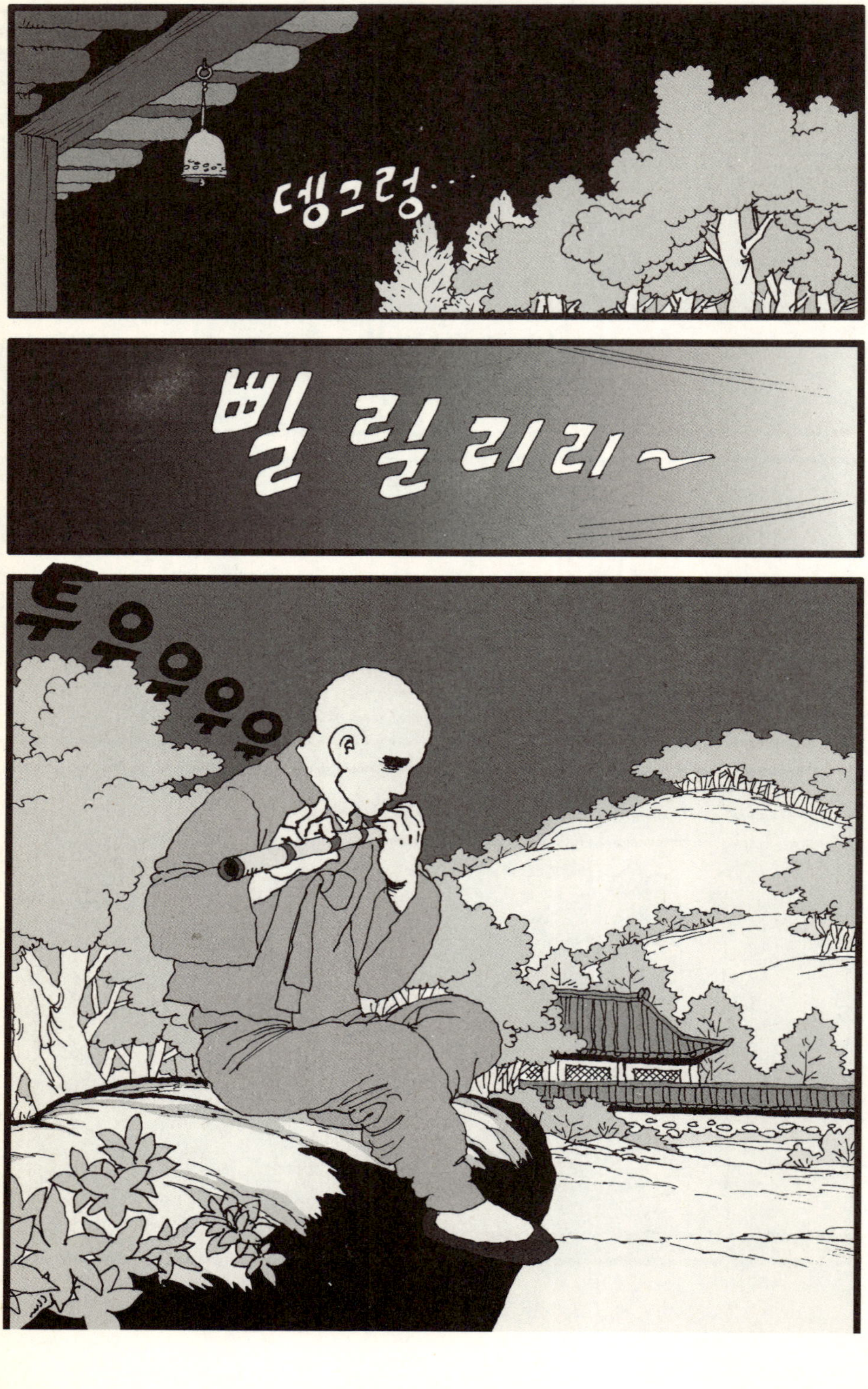

도량석(道場釋) 사찰에서 새벽 예불을 하기 전에 도량을 깨끗하게 하기 위해 치르는 의식. 잠들어 있는 천지만물을 깨우며 일체 중생들이 미혹에서 깨어나게 한다는 의미도 지니고 있다. **입적(入寂)** 불교에서 수도승의 죽음을 이르는 말. 귀적(歸寂). 입멸(入滅). 멸도(滅度).

자자일(自恣日) 절에서 하안거의 마지막 날인 음력 7월 15일로, 이날 스님들이 안거 동안의 잘못을 뉘우치고 서로 훈계하는 행사를 함.

상좌(上佐) ①행자(行者, 불도를 닦는 사람). ②스승의 대를 이을 여러 승려 가운데에서 가장 높은 사람.

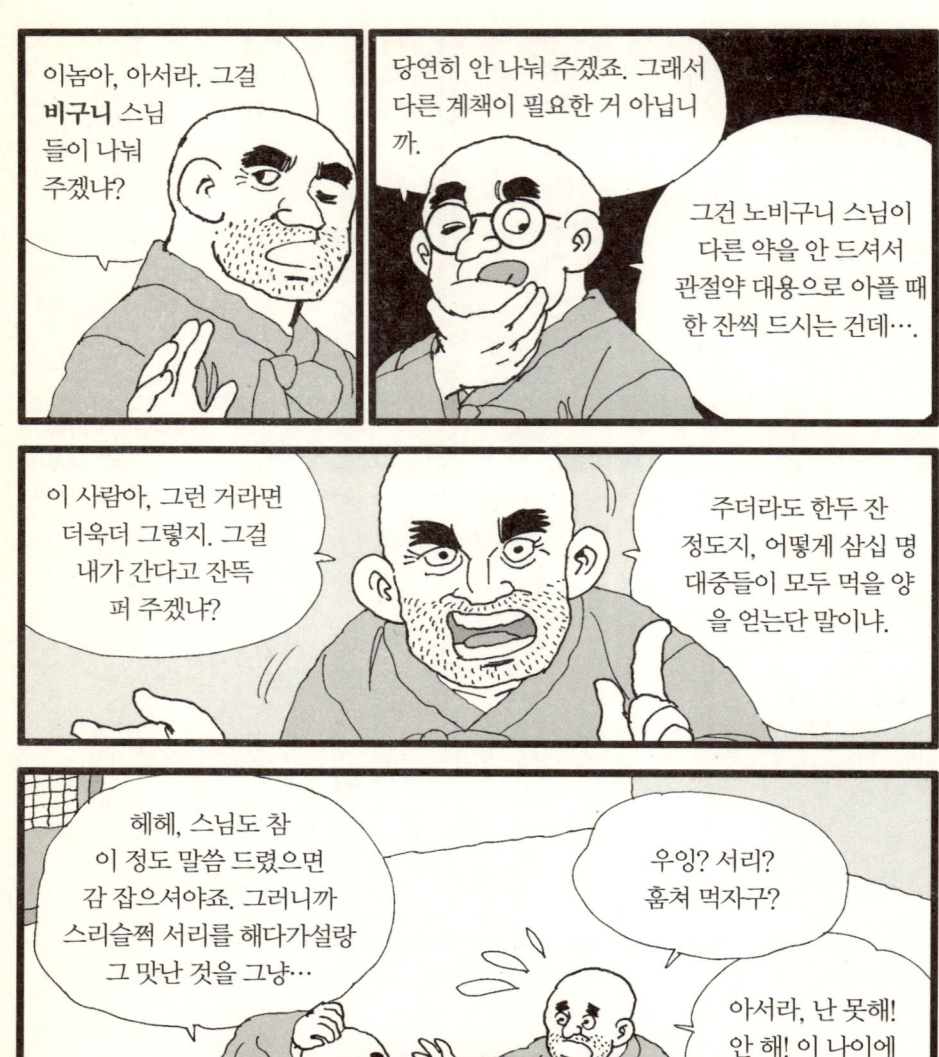

비구니(比丘尼) 출가하여 불교의 구족계(具足戒)인 348계를 받고 수행하는 여자 스님.

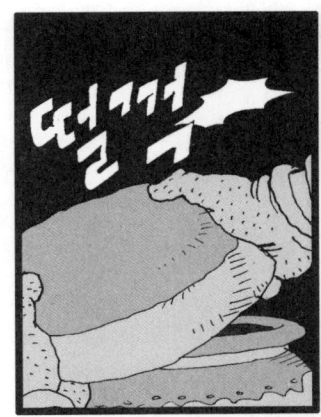

지대방 수행자들이 쉴 수 있도록 선방 옆에 만들어 놓은 공간. 이부자리, 옷, 행탁 등을 둠.

걸망 등에 걸머지고 다닐 수 있게 망태기처럼 엮어 만든 바랑. 걸낭.

괴각(乖角) 언행이 대중의 질서를 따르지 못하고 유달리 어긋나는 짓을 말하며, 또는 그런 짓을 하는 사람.
조실(祖室) 사찰에서 최고 어른을 이르는 말.

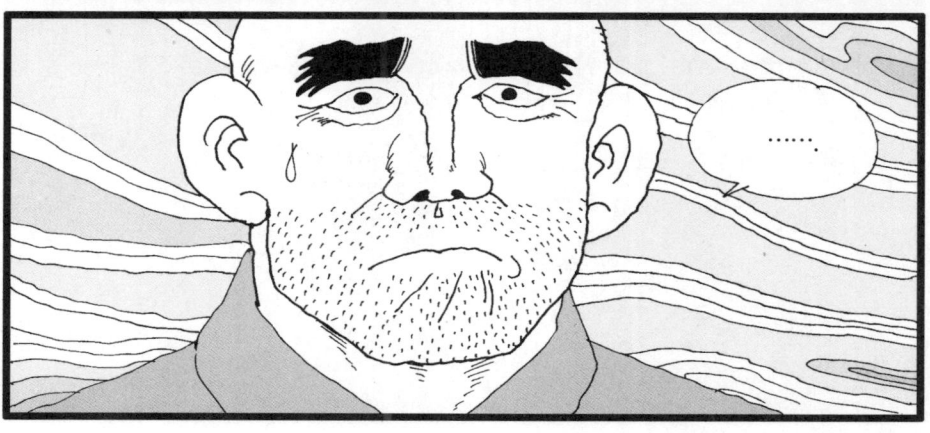

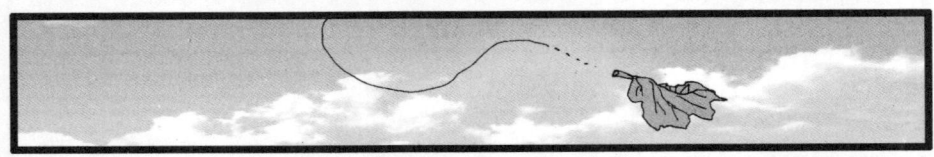

출가(出家) 불교에서 세속의 집을 떠나 불문(佛門)에 듦.

삭발(削髮) ①길렀던 머리를 박박 깎음 또는 그러한 머리. 낙발(落髮). 체발(剃髮). ②출가함. 스님이 됨.

만행(萬行) 여러 곳을 두루 돌아다니면서 닦는 온갖 수행.

법문(法門) 중생을 열반에 들게 하는 문이라는 뜻으로, 부처님의 교법을 이르는 말.
법거량(法擧量) 탁마 또는 법담이라고도 하는데, 서로가 공부한 것으로 이야기를 나누며 서로에게 배우고 경책하면서 수행을 향상하는 것을 말함.

법제자(法弟子) 불법을 공부하는 사람.

사자후(獅子吼) (뭇짐승이 사자의 울부짖는 소리에 엎드려 떤다는 뜻으로) 불교에서 일체(一切)를 엎드려 승복하게 하는 '부처님의 설법(說法)'을 이르는 말.

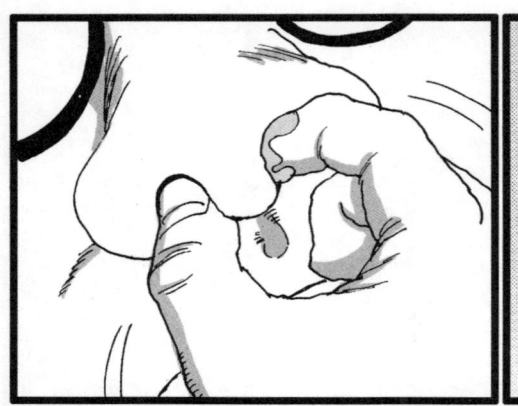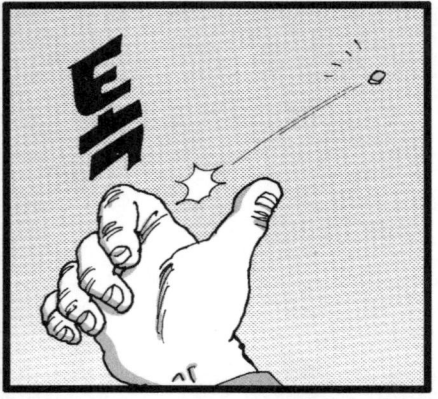

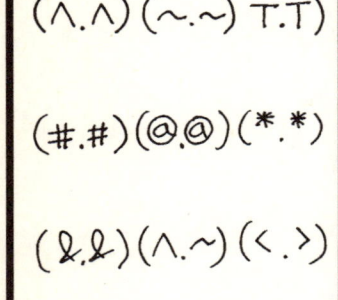

사미(沙彌) ①불도를 닦는 20세 미만의 남자를 이르는 말. ②불문에 든 지 얼마 안 되어 불법에 미숙한 어린 남자 수행자를 이르는 말. 사미승(沙彌僧).

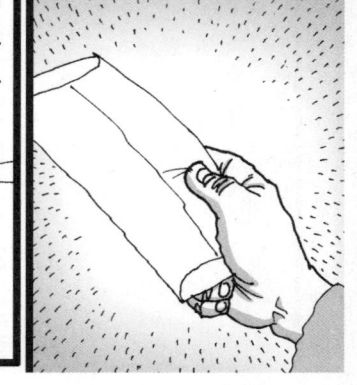

물심일여(物心一如) 사물과 마음이 구분 없이 하나로 통합됨.

정진(精進) ①정성을 다하여 노력함. ②몸을 깨끗이 하고 마음을 가다듬음. ③불교에서 오로지 정법(正法)을 믿어 수행에 힘씀을 이르는 말. **울력** 대중들이 함께 모여 하는 육체적 노동을 일컫는 말로, 여러 사람이 힘을 구름처럼 모은다는 뜻에서 운력(雲力)이라고도 함. 일반에게는 삶의 한 방편인 노동을 뜻하나 불교에서는 수행의 하나로서, 수행이 일상생활과 동떨어져 있지 않다는 것을 상징.

사제(師弟) ①스승과 제자를 아울러 이르는 말. ②한 스승의 제자로, 다른 사람보다 늦게 제자가 된 사람.

법명(法名) ①스님이 되는 사람에게 종문(宗門)에서 속명(俗名) 대신에 새로 지어 주는 이름. 승명(僧名). ②불가(佛家)에서 죽은 사람에게 붙여 주는 이름. 계명(戒名). ③불교에 귀의한 재가자에게 주는 이름. 법호(法號).

화두(話頭) 불교에서 참선하는 이에게 도를 깨치게 하기 위하여 내는 문제. 참선 수행자가 궁구하는 근본문제.

천도(薦度) 죽은 사람의 넋이 정토나 천상에 나도록 기원하는 일. 불보살에게 재(齋)를 올리고 독경, 시식(施食) 따위를 함.

좌선(坐禪) 불교에서 가부좌(跏趺坐)를 하고 조용히 앉아서 선정으로 들어감 또는 그렇게 하는 수행. 준말로는 선(禪).

부목(負木) 절에서 땔나무를 하여 들이는 사람.

120
지대방

수행 정진하는 자라면 누구라도 한 번쯤 무문관 열병에 빠져보지 않은 사람이 없을 게다.

암, 암, 그렇고말고.

깨달음이 도대체 뭔지. 사랑도, 인연도, 명예도, 그리고 자신의 몸마저 다 버리고도 부족해 저 어둡고 삭막한 터널 속으로 들어가는 것을 최고의 목표로 삼는 것인지….

사랑보다 더 깊은 열정, 질긴 인연보다 더 무서운 아픔, 그런 것들이 모두 깨달음으로 가는 길이야.

저 안에 있는 도문은 누구보다 더 그렇게 치열한 삶을 추구해 왔다. 참 대단한 근기였어.

……

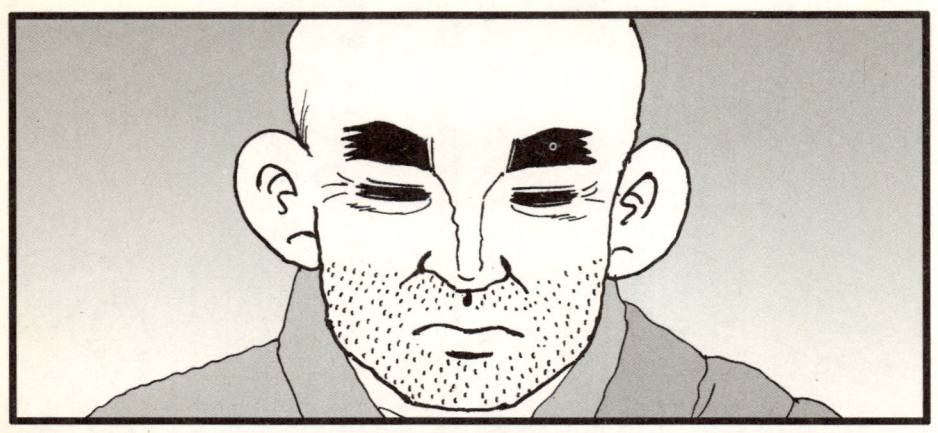

선정(禪定) 한마음으로 사물을 생각하여 마음이 하나의 경지에 정지하여 흐트러짐이 없음.

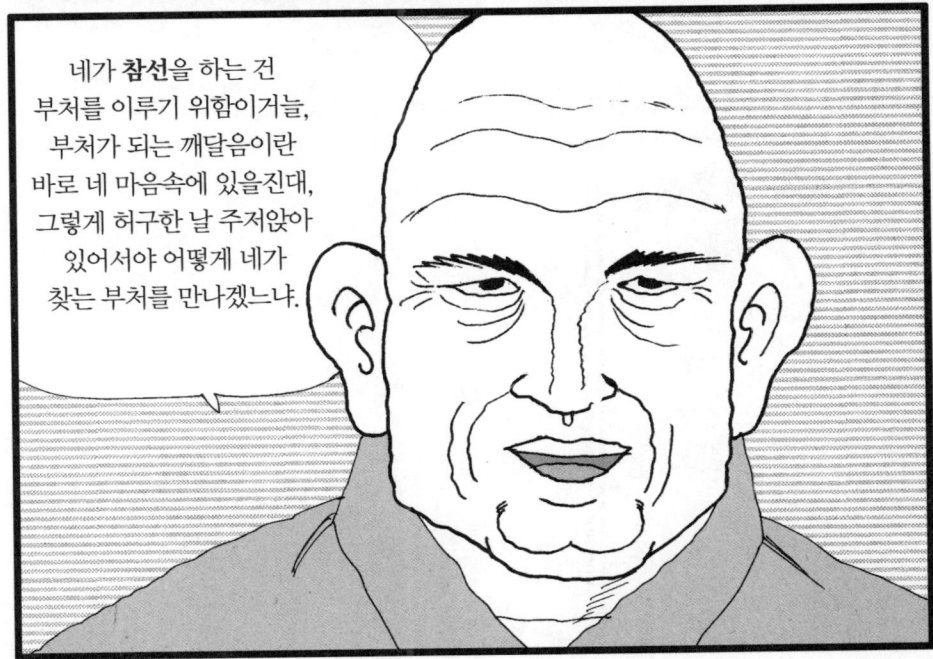

참선(參禪) 좌선하여 불도를 닦는 일.

중생(衆生) ① 세상의 많은 사람들. ② 모든 살아 있는 무리. **여래(如來)** 여래 십호(부처님의 열 가지 이름) 중의 하나. 진리에 도달한 사람이라는 뜻으로, 부처님을 달리 이르는 말.

산문(山門) 절 또는 절의 누문(樓門).

원력(願力) ①신이나 부처에게 빌어 바라는 바를 이루려는 염력(念力). ②불교에서 아미타불의 서원(誓願)의 힘을 이르는 말.

업보(業報) 불교에서 선악의 행업으로 말미암은 과보. 업과(業果).

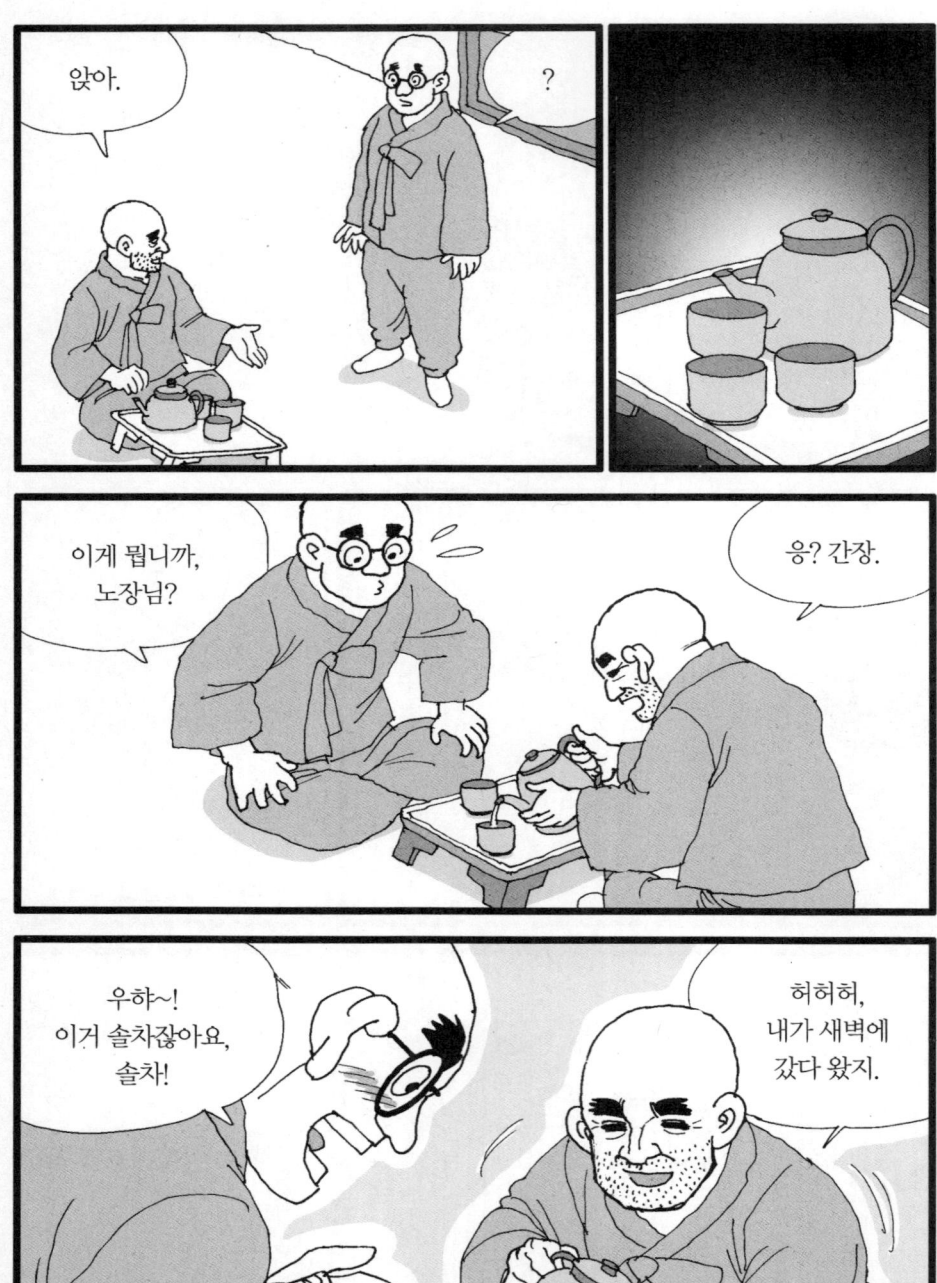

방부(房付) 선방에 안거를 청하거나 먼 길을 가는 스님이 객지의 절에 가서 묵어가기를 부탁하는 일.

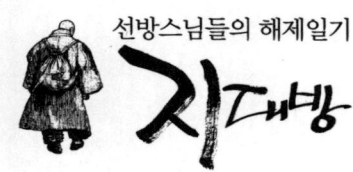

선방스님들의 해제일기
지대방

| 초판 1쇄 인쇄 | 2011년 10월 7일
| 초판 1쇄 펴냄 | 2011년 10월 14일
펴낸이 | 이동출
지은이 | 원담
그린이 | 두타
펴낸곳 | 도서출판 솔바람
등록 | 1989년 7월 4일(제5-191호)
주소 | 서울특별시 종로구 수송동 58번지 두산위브 파빌리온 1213호
전화 | (02)720-0824 **전송** | (02)722-8760 **이메일** | sulpub@nate.com
편집장 김용란 | **편집** 오수영 | **디자인** 손미영 | **마케팅** 박기석
ⓒ원담, 2011

값 9,600원
ISBN 978-89-85760-85-0 07220
이 책의 내용을 쓰고자 할 때에는 저작권자와 출판사의 허락을 받아야 합니다.